AF496069

CHEMINS DE FER DU SOUDAN

A TRAVERS LE SAHARA

Paris. — E. DE SOYE et FILS, Imprimeurs, place du Panthéon, 5.

LES

CHEMINS DE FER DU SOUDAN

A TRAVERS LE SAHARA

PAR

ALEXIS DELAIRE

EXTRAIT DU *CORRESPONDANT*

PARIS

LIBRAIRIE DE CHARLES DOUNIOL ET Cⁱᵉ, ÉDITEURS

29, RUE DE TOURNON, 29

—

1877

LES CHEMINS DE FER DU SOUDAN

A TRAVERS LE SAHARA

Conquérir un vaste champ à l'agriculture en développant la colonisation; exploiter d'abondantes richesses naturelles en créant des relations commerciales; élever des nations entières à la vérité chrétienne en les soustrayant aux horreurs de la traite : telle semble être en Afrique la mission spéciale du dix-neuvième siècle, et notre patrie peut trouver dans la part qu'elle a prise à cette œuvre quelque allégement aux douloureuses préoccupations que lui cause son impuissance actuelle. A l'aurore du siècle, l'expédition de Bonaparte réveillait la vieille Egypte et prenait possession, au nom de la science, des plus antiques archives de l'humanité. Plus tard la conquête d'Alger délivrait la Méditerranée des pirates barbaresques et nous ouvrait un domaine colonial que nos pères auraient su rendre non moins florissant que la Louisiane et le Canada. Vers l'Orient, c'est encore le génie et le travail de la France qui ont abaissé l'une des barrières continentales et ouvert au commerce du monde la plus utile de ses routes. En même temps toutes les nations, mais surtout l'Angleterre ont attaqué le continent de divers côtés et poussé d'actives reconnaissances à travers les territoires inconnus : Barth et Nachtigall au lac Tchad, Duveyrier et Rohlf au Sahara, Speke, Grant et Baker vers le Haut Nil et la région des grands lacs; Livingstone dans le bassin du Zambèze et au lac Tanganika où devait le retrouver l'américain Stanley; Compiègne et Savorgnan de Brazza sur l'Ogoûé et les côtes du Gabon; bien d'autres encore, et tout récemment enfin Cameron, de Zanzibar au Benguela, à travers la ligne de partage des eaux du Congo et du Zambèze. Ces expéditions multipliées ont prouvé que l'Afrique centrale, loin de ne présenter que des déserts arides ou des contrées pestilentielles, est au contraire l'un des pays les plus peuplés de la terre, sous des climats salubres avec de grands cours d'eau, de magnifiques forêts et des campagnes d'une merveilleuse fertilité. Le moment est donc venu de conquérir à la religion

et au travail cet immense empire. Aussi, sur l'initiative généreuse du
roi des Belges, une association internationale s'est-elle fondée pour
atteindre ce double but en mettant fin à l'esclavage. Elle élabore le
programme de ses travaux et prépare deux expéditions pour établir,
au profit des explorateurs, des stations de refuge et de ravitaillement.
Mais n'y a-t-il pas en outre dans ce grand concert d'efforts un motif
suffisant pour rendre urgente l'étude des voies commerciales qui, des
rivages méditerranéens, pourraient parvenir dans les régions centrales
de l'Afrique? Divers projets de chemins de fer ont été mis en avant
par des ingénieurs français et par des voyageurs allemands. L'Angleterre et l'Egypte poursuivent des tentatives analogues. Bien que
de telles entreprises semblent à première vue chimériques, il n'est
pas inutile d'examiner quels motifs les ont fait naître, quels avantages leur sont propres et quel avenir leur est réservé.

I

LES RICHESSES DU SOUDAN ET LA TOPOGRAPHIE DU SAHARA

Séparé de l'Europe par les déserts sahariens, le Soudan n'est
encore qu'imparfaitement connu. Il s'étend du haut bassin du
Djholiba[1], à l'ouest, jusqu'au-delà du lac Fittri, à l'est, sur une
superficie de 3 à 4 millions de kilomètres carrés, soit le tiers de
l'Europe. Sa population, d'après les plus récentes évaluations, sur-
passe celle de l'empire russe et atteint environ 80 millions d'habitants répartis à peu près également entre deux régions. Autour du
lac Tchad se groupent les royaumes musulmans qui tiennent à
honneur de rattacher leur origine à l'Arabie heureuse, le Bornou,
le Ouaday, le Baghirmi, le Somraï jusqu'au Darfour. Vers l'occident,
au contraire, les populations noires subissent la domination des
Peuls, Foulbes ou Fellatahs, peuples bronzés qui propagent l'isla
misme au cœur de l'Afrique, et qui ont fondé de puissants Etats,
depuis le Haoussa aux frontières du Bornou jusqu'au Fouta Djalon
aux confins du Sénégal. De tout temps cette contrée a été un riche
domaine à exploiter. Bien des indices donnent à penser que les
Carthaginois ont fait le commerce de l'or avec la région de Timbouctou. Au douzième siècle, d'après Edrisi, les Arabes déjà trafi-
quaient avec le Soudan central. Ce que l'on doit surtout priser
aujourd'hui c'est le grand nombre des rhinocéros, des éléphants aux
longues défenses, et surtout des autruches; c'est la croissance

---

[1] On sait par quelle confusion regrettable le Kouara ou Djholiba a été pris
pour le *Niger* des anciens, et continue trop souvent à en recevoir le nom.

spontanée du coton, du tabac et de l'indigo; la récolte de la cire,
de l'huile de palme, des arachides, des gommes, entre autres de la
gomme arabique produite par l'*Acacia Haschali* et l'*Acacia Falha;*
l'abondance des aromates et des épices, vanille, cannelle, muscade,
poivre, cacao, benjoin...; la fertilité du sol pour le blé, le doukhn, le
doura, le maïs, et aussi pour le riz sur les terrains bas que l'on peut
irriguer. En outre, des forêts splendides de vigueur et de variété
sont remplies d'essences utiles, depuis les fins acacias, les palmiers
deleb, les arbres à beurre ou les sycomores jusqu'aux énormes
bombax *roum* dont la ramure étagée abrite parfois des villages
aériens. Les substances minérales, enfin, sont répandues dans les
parties montagneuses : l'étain est déjà exploité par les indigènes, et
ce n'est point seulement aux célèbres mines de Bouré que l'or
s'obtient en paillettes par le lavage des alluvions sableuses.

Sans aucun doute, et le témoignage du D⟨r⟩ Barth est formel à cet
égard, les plantations de café, de canne à sucre et de tabac pourraient à elles seules devenir, sur des espaces immenses, incompara-
blement plus productives que celles qui ont créé, en quelques siècles,
la richesse des Antilles. Quant au coton, il suffit de rappeler les
exemples de l'Amérique et de l'Australie. Qui croirait qu'il y a cent
ans un navire, ayant à son bord *huit* balles de coton, était saisi à
la douane de Liverpool sur ce motif que pareille quantité du précieux
textile ne pouvait, disait-on, provenir du nouveau-monde. En moins
de deux générations, l'Australie s'est couverte aussi de champs de
coton et fournit à un trafic de jour en jour plus important. Que ne
pourra-t-on pas faire au Soudan où la plante croît d'elle-même en
abondance et où les bras ne feront jamais défaut pour la cultiver?
Ce n'est pas tout : grâce à ses nombreuses populations, cette
contrée n'est pas seulement un lieu de production, elle est aussi un
marché dont la consommation pourrait être indéfiniment développée.
Elle reçoit déjà soit par l'Égypte et la mer Rouge, soit plutôt par
Tripoli et Mourzouk, des cotonnades anglaises, américaines ou
suisses, surtout les qualités inférieures que l'Angleterre fabrique à
très-bas prix; puis des soies et des draps, du corail et des verro-
teries de Venise; et aussi le sel, le café, le tabac, le sucre, le soufre,
l'étain, la quincaillerie[1], etc. Les demandes se multiplieront à coup
sûr dès que par la création de comptoirs commerciaux et l'établis-

---

[1] D'après la *Correspondance algérienne*, toujours si exactement informée,
« sur les 200,000 francs de quincaillerie vendus annuellement à Tlemcen aux
conducteurs des caravanes de l'intérieur de l'Afrique, les serrures dites *Fichet*
figurent pour une somme relativement considérable, les indigènes de ces
contrées ayant passé presque subitement de l'usage des grossières serrures
en bois à celui des serrures les plus perfectionnées. »

sement de relations régulières, on sera parvenu à tourner vers l'activité féconde du travail les forces que ces malheureux peuples consument dans des luttes intestines sans cesse renouvelées. Ces guerres interminables, il faut bien le reconnaître, sont entretenues par la traite des esclaves. Dans ce pays, dont les productions sont mal exploitées et qui reste privé de toute voie de communication, l'esclave est la marchandise qui se transporte elle-même ; il peut servir en outre de porteur ; il est donc par excellence l'objet des échanges. Aussi de nation à nation, de tribu à tribu, de village à village, on se traque, on se livre, on se vend, tantôt pour en tirer un profit immédiat, tantôt pour détourner momentanément le danger. Sir Bartle Frère estime que le nombre des victimes de la traite s'élève annuellement en Afrique à plus de trois cent mille. Par là s'expliquent les déplacements du commerce soudanien : il fuit tous les points où l'influence européenne entrave la traite. Il se détourne de l'Algérie sur le Maroc et Tunis, il s'éloigne même de la Haute-Egypte et de Zanzibar pour refluer sur le Fezzan et Tripoli. Bientôt, on peut l'espérer, l'odieux trafic perdra tous ses débouchés. Un exemple, qui mériterait à lui seul une étude approfondie, permet d'apprécier déjà quelles seront pour l'Afrique centrale les conséquences de ce fait. La République de Libéria, fondée il y a un demi-siècle au nord du golfe de Guinée par des philanthropes américains, n'a pu disposer, pour son premier établissement, que de ressources insignifiantes. Malgré ce modeste début, elle est aujourd'hui prospère à tous égards ; et le plus riche avenir lui semble réservé. Sa population s'élève, en tenant compte des tribus soumises, à 1,400,000 âmes ; son territoire, sur lequel tout était à créer, est couvert de plantations en plein rapport, coton, tabac, indigo, canne à sucre ; ses ressources minérales (or, argent, fer, charbon...), commencent à être exploitées ; son commerce donne lieu à des exportations, ivoire, huile de palme, arachides, qui dépassent 10 millions ; les tribus limitrophes de ses frontières imitent ses procédés de travail et lui empruntent des chefs de culture ; enfin, dans les rues de Monrovia les splendides habitations des négociants anglais ou hollandais étalent autant de luxe et de confortable que les plus somptueuses demeures dans nos grandes capitales. On voit par là ce que deviendra le Soudan quand, sur son sol fertile, les populations, au lieu d' re périodiquement décimées par la traite, seront protégées contre ce fléau et initiées à l'énergie du travail libre.

Plusieurs courants commerciaux ont à toute époque divergé du Soudan, et de grands fleuves paraissent à première vue leur offrir des voies naturelles. Vers l'ouest le Djholiba débouche au fond du golfe de Guinée et déjà de petits vapeurs sillonnent les bras de son delta. A l'est, il n'est pas impossible qu'on ne puisse ouvrir une route fluviale du Tchad vers le Nil en unissant dans le Darfour, à travers un réseau de rivières et de marais, les hauts affluents du Chari à ceux du Bahr-El-Ghazal. Au sud, peut-être, pourrait-on rejoindre l'Ogoôé. Cependant les grandes voies navigables, le Zaïre, le Zambèze et le Nil, qui seront, comme l'a fort bien montré le lieutenant Cameron, les artères du commerce pour l'Afrique centrale, descendent des hauts plateaux de la région des lacs et laissent en dehors de leur rayonnement direct les contrées plus basses du Soudan. Aussi doit-on reconnaître que la difficulté de la navigation dans le lacis marécageux du Darfour, l'hostilité des populations sur le bas Djholiba ou sur l'Ogoôé, l'insalubrité des embouchures de ces fleuves, et surtout les droits exorbitants que les innombrables souverainetés indigènes prétendent faire peser sur les marchandises, empêcheront pour longtemps encore que le commerce soudanien n'abandonne ses chemins traditionnels.

A la vérité, M. Bonnat, le courageux explorateur français qui pendant cinq années de captivité chez les Aschantis, a pu apprécier les conditions économiques de la contrée, a tout récemment cherché à prouver que le Volta offre aux produits de cette partie du Soudan une voie naturelle d'exportation. La ville de Sallagha est le centre d'un commerce qui rayonne par caravanes vers le lac Tchad comme sur Timbouctou. Mais peut-on penser que de pareilles relations, au milieu des massifs montagneux qui séparent les bassins du Djholiba et du Volta, puissent se prêter à un transport considérable de productions agricoles qui d'ailleurs viendraient forcément déboucher sous un climat terrible aux Européens, parmi des populations barbares, sur une côte que le pavillon britannique ne protége qu'à demi. On en dirait autant de la plupart des colonies anglaises, hollandaises ou françaises échelonnées sur les rivages : quelques richesses que leurs territoires offrent à l'exploitation et aux échanges, les établissements de la côte ne paraissent pas destinés à devenir de longtemps du moins les têtes de ligne des grandes routes africaines et les débouchés du commerce. Quand on se rappelle notamment les efforts si habiles et pourtant si infructueux du général Faidherbe pour relier le Sénégal au Djholiba, on comprend que des esprits hardis aient été ramenés à chercher vers le nord la route au Soudan, à travers le Sahara que recommande la salubrité de son climat. Tout le trafic se fait actuellement par les caravanes qui, affrontant les souffrances de la soif et les rapines des pillards, sillonnent le désert. Autrefois quinze mille chameaux partaient du Darfour plusieurs fois l'an pour rejoindre l'Egypte par Khartoum ou Syout. Aujourd'hui la presque totalité des échanges se fait soit par

Kouka, Mourzouk et Tripoli, soit par Timbouctou et le Maroc. Ce sont d'immenses trajets de quatre à cinq cents lieues, qui ne demandent pas moins de cent à cent trente jours de marche et imposent des frais de transport fort onéreux. Notre industrie moderne restera-t-elle impuissante en face de ces conditions physiques, et faudra-t-il considérer le Sahara comme une contrée que peuvent parcourir les lentes caravanes, mais qui demeure infranchissable au commerce rapide? Le premier élément de la réponse doit être demandé à une connaissance précise de la constitution orographique du continent entre le littoral méditerranéen et le Soudan.

De l'Algérie au bassin du Djholiba on peut distinguer quatre régions naturelles : le Tell avec ses hauts plateaux, le versant des Ahregs ou pays de la soif, les oasis du Touat et les plaines qui rejoignent la vallée du grand fleuve. Le Tell est un massif composé de deux terrasses inégales encaissées par les trois chaînes de l'Atlas parallèles à la côte. Sur le versant méditerranéen, de courts torrents portent les eaux à la mer. Sur le versant saharien les rivières sèches descendent dans les sables. Sur la terrasse inférieure, les eaux des deux versants sont drainées par quelques rivières qui coupent normalement l'arête septentrionale pour gagner la côte. Sur la plus haute terrasse enfin l'écoulement fait défaut et les eaux se rendent dans une série de lacs alignés. Seul le Chélif descend du Djebel-Amour, promène son cours sur les plus hauts plateaux au milieu des chotts et des plaines d'alfa [1], traverse la chaîne centrale par la profonde échancrure de Boghar et s'abaisse en suivant la terrasse inférieure pour déboucher à son extrémité occidentale près de Mostaganem. On voit déjà que la coupure de Boghar est la voie naturelle, le col *minimum* pour passer du rivage au désert en franchissant l'Atlas. Les pentes du Djebel-Amour, déprimées à l'est, inclinent vers l'Oued-Chédy à Laghouat et semblent se prolonger pour former au-delà une ligne de faîte entre l'Atlantique et la Méditerranée. C'est une succession de plateaux d'abord calcaires, coupés de crevasses verticales dans le Mzab, ensuite arrondis en collines dans le Batten de Samani. Leur altitude, d'après M. Soleillet, s'abaisse de Laghouat (800 mètres) à Aïn-Çalah (435 mètres). A l'orient leurs eaux s'écou-

---

[1] L'alfa, la plus ennuyeuse des végétations, mais l'une des principales richesses de l'Algérie, couvre seule la région des plateaux sur une étendue de 3 à 4 millions d'hectares. Elle donne lieu à un commerce important surtout pour la confection du papier, et s'exporte en proportion croissante pour l'Angleterre. Plusieurs lignes ont été concédées spécialement pour cette exploitation. Deux d'entre elles nous intéressent ici : celle d'Arzew à Saïda avec prolongement sur Géryville; celle d'Affreville à Boghar qui pourra s'étendre par les oasis des Ksours jusqu'aux plateaux du Mzab.

lent par l'Oued-Mia vers Ouargla et les grands chotts tunisiens. A l'occident leurs crêtes ou leurs mamelons dominent à leur pied les bas-fonds de l'Oued-Lua, et entourent le vaste bassin dont l'artère principale, l'Oued-Guisr (ou Oued-Saura), devrait être la limite naturelle des possessions du Maroc et de l'Algérie. Insensiblement penché vers le sud, ce bassin présente lui-même trois zones : au nord les vallées sèches qui descendent de l'Atlas; au centre les dunes de sables qui absorbent les eaux des crues; au midi les oasis qui longent l'Oued-Saura et s'étendent à l'est en contournant les versants du Samani jusqu'aux contreforts de l'Ahaggar. Loin d'avoir été formées jadis sur les rivages d'une mer saharienne, les dunes des Ahregs sont le résultat géologique d'un fait tout actuel. Le sol du Sahara, souvent presque nu, toujours asséché, se désagrège sous l'action du climat. Les vents, peu variables de direction, en balayent sans cesse la surface, avivant çà et là des roches dures ou des galets solides pour accumuler tous les débris meubles sur les rampes qui les arrêtent. Ainsi se forment, par le charriage et le triage des éléments minéraux, des rides parallèles, hautes de 300 mètres, distantes de plusieurs kilomètres, et dont les positions à peu près fixes ont pour repères des puits très-anciens sur la route des caravanes. Bien que ces dunes, que le colonel Colomieu a toutes traversées d'El-Abiçd à Timimoun, recouvrent le bassin entier de l'Oued-Guisr, elles n'ont pu envahir le fleuve. Pendant la saison pluvieuse, en effet, les eaux triomphent toujours de l'ensablement grâce à un débit que le général de Wimpfen a pu comparer en 1870 à celui du Rhône. Dans son voyage à Ghadamès, M. Largeau a parfaitement observé comment, à l'est de la ligne de faîte, le même balayage élève aussi des dunes successives et ensevelit en outre de véritables rivières dont la plus célèbre est l'Igharghar, le *Niger* des anciens.

Au sud de la région des Ahregs, les oasis se rassemblent en cinq groupes; Gourara, Aougerout, Timmi, Touat et Tidi-Kelt, qui comprennent ensemble 400 villages et 300,000 habitants. Leur fertilité est due précisément à la masse sableuse qui sur une superficie de 7 à 8 millions d'hectares forme un immense réservoir filtrant. Les eaux de l'Atlas, du Mzab et du Djebel-Samani circulent à travers les couches profondes qui les protégent contre l'évaporation; elles n'apparaissent guère à la surface où le soleil les boit, et viennent recouvrir seulement en hiver la grande Sebka de Gourara. Mais d'innombrables galeries (*feggaghir*), ramifiées parfois sur plusieurs kilomètres de longueur, atteignent les nappes souterraines et recueillent leurs eaux en rivières dont le débit régulier se prête aisément à des partages entre les usagers. Nulle part, ni en Perse ni en Lombardie, l'aménagement des galeries et l'emploi des irrigations n'ont été mieux entendus et plus habilement pratiqués. Néanmoins le dattier, qui abrite quelques cultures de légumes et de fruits, est à peu près l'unique produit des oasis, et les céréales nécessaires aux habitants ne peuvent leur parvenir par les caravanes de Géryville qu'à grands frais et en proportion insuffisante. Vers le sud-est d'Aïn-Çalah, le sol se relève : ce sont les plateaux étagés de Muydir, de Tasili et de l'Ahaggar, que M. H. Duveyrier a si bien décrits. De nombreuses vallées sèches, entre autres celles de l'Oued-Rhir et de l'Igharghar, descendent vers le nord. Au centre, sous un excellent climat, les villages sont entourés de cultures de blé, de vignes ou de bois d'acacias (à gomme arabique) ; les vallées étroites et arrosées sont couvertes de pâturages que parcourent les troupeaux des Touaregs. Jadis la Sebka d'Amadghor fournissait le sel aux nègres comme aux Berbères, et sur ses bords se tenait encore, il y a un siècle, pour l'échange de toutes les marchandises, la foire la plus active entre Touggourt et Ouargla, Aghadès et Kano. Des cimes élevées, qui gardent pendant trois mois une couronne neigeuse, dominent les plateaux, et le grand massif paraît se prolonger au sud par les chaînes pittoresques de l'Aïr, la *Suisse africaine*, pour se terminer aux montagnes granitiques de la rive droite du Djholiba. Le haut bassin de ce fleuve et la région du lac Tchad ont toujours été efficacement séparés par ce rempart rocheux à travers lequel les eaux se sont frayé un étroit passage en aval de Timbouctou. De tout temps sans doute, les caravanes se sont dirigées vers le nord en traversant ou surtout en longeant les montagnes, et les échanges mutuels des deux parties du Soudan ne s'effectuent encore que par l'interminable détour de Ghadamès et d'Aïn-Çalah.

D'après M. le général de Colomb auquel on doit la plus belle carte du Sahara, le désert à l'occident de l'Ahaggar, entre les jardins de dattiers du Touat et les steppes herbeuses du Djholiba, est « une immense surface crayeuse, absolument plane et sans végétation. » Seuls les squelettes blanchis des chameaux jalonnent le chemin des caravanes. Aux deux tiers de la distance cependant, vers le 22° parallèle, le sol s'élève, l'eau et la végétation reparaissent et l'on abandonne peu à peu les plaines arides pour pénétrer dans les vallées arrosées. Grâce, en effet, à l'inflexion que subit le cours du fleuve, le Soudan empiète sur le Sahara et la limite des cultures remonte de quatre degrés en latitude. Peut-être faut-il voir dans le désert crayeux de Tanzerouft, avec la Sebka de Taodeny, le fond d'un océan disparu et la zone d'érosion à laquelle les vents arrachent aujourd'hui les matériaux des dunes de l'Oued-Guisr. Vers l'ouest, la constitution géologique paraît plus uniforme sous des climats aussi différents : depuis le cours supérieur du Djholiba

jusqu'aux bords de l'Oued-Draha se rencontrent, au dire de Caillé,
les mêmes alternances de roches ou d'alluvions granitiques et quar-
tzeuses. Enfin sur l'autre versant du massif central de l'Ahaggar,
dans la région qu'ont parcourue en partant de Tripoli de hardis
voyageurs depuis Barth jusqu'au docteur Nachtigall, un plateau
sablonneux peu ondulé, d'une altitude moyenne de 400 mètres,
prolonge le Hamada vers Mourzouk et le pays des Tibbous, pour
s'abaisser doucement par les plaines argileuses et fertiles du Bornou.

Il était nécessaire d'indiquer à grands traits l'importance commerciale du but à atteindre et la constitution orographique de
la région à traverser. Nous pouvons examiner maintenant les divers
tracés de chemins de fer qui dans ces derniers temps ont été pro-
posés pour relier la côte méditerranéenne au Soudan.

II

LES PROJETS DE VOIES FERRÉES ET LA DISCUSSION DU TRACÉ

Il semble étrange à coup sûr de prétendre construire dans le
désert une voie ferrée. Mais, dira-t-on, n'est-ce pas là le moyen de
communication qui convient par excellence aux longs plateaux d'altitude uniforme sur lesquels il faut traverser sans arrêts de vastes
solitudes pour rattacher entre elles les stations extrêmes? Sans
perdre de vue, en effet, l'importance du trafic intermédiaire, il s'agit
avant tout d'ouvrir une voie de transport rapide et économique
pouvant amener en face de Marseille les produits agricoles du Soudan
tels que les fournira le développement naturel de la culture et du
commerce. Pour que de pareils transports, à 3 ou 4,000 kilomètres, soient avantageux, il faut pouvoir réduire le fret à ce
qu'est ailleurs celui des voies d'eau, c'est à dire à 0,02 ou 0,03
par tonne et par kilomètre. Est-il possible d'obtenir ce résultat
grâce à la configuration du pays qui permet de construire, dans
des conditions exceptionnelles et presque sans travaux d'art,
des lignes à large diamètre, à rails solides, à faible pente, à
grandes courbes, que parcourront, du Djholiba au pied de l'Aurès
des trains du poids utile de 7 à 800 tonnes? A cette question
plusieurs juges des plus autorisés répondent par l'affirmative, et
M. Duponchel, ingénieur en chef des ponts et chaussées, a mieux
que tout autre étudié les éléments de la solution avec une haute
compétence professionnelle. Nous suivrons son mémoire pour l'exposé du tracé qu'il propose; et nous y rattacherons l'examen des
autres projets. Dans l'état encore imparfait de nos connaissances,
tous ne peuvent être que des ébauches: mais ils émanent d'explo-

rateurs qui ont parcouru en partie ces régions difficiles, et chacun doit contenir au moins quelque renseignement précieux pour le tracé définitif [1].

Le chemin de fer d'Alger à Oran traverse la première chaîne de l'Atlas et débouche dans la vallée du Chélif non loin d'Affreville. C'est là, vers la cote 200, qu'il convient d'embrancher la grande voie saharienne. Sans s'écarter du Chélif elle remonte son cours pour passer avec lui par la coupure de Boghar à 500 mètres d'altitude. Cette première section sera plus coûteuse qu'aucune autre : elle devra franchir, en effet, 50 kil. en pays montagneux. A la vérité, comme l'a fait remarquer justement M. l'inspecteur des finances Tarry, les études sont déjà faites, car une compagnie est en instance pour obtenir la concession d'Affreville à Djelfa. Cependant une ligne à voie étroite et à grandes pentes, suffisante pour l'exploitation de l'alfa, ne pourrait convenir comme tronçon commun des lignes sahariennes, et il faudrait bien se résoudre, sans aucun doute, à modifier les plans primitifs pour satisfaire à ces besoins nouveaux. Au-delà de Boghar, la ligne s'élève sur les plateaux ondulés couverts d'alfa et après un parcours de 200 kilomètres, elle traverse les contre-forts orientaux du Djebel-Amour à la cote 1310. De ce point culminant la voie, sans redescendre jusqu'à Laghouat, franchira l'Oued-Chédy un peu en amont de Tadjement, et s'abaissera ensuite continuement jusqu'à Hassi-Zizara (331 mètres) sur la route d'El-Goleah à Metlili. Sur ce parcours de 400 kilomètres le tracé s'écarte peu des bas-fonds de l'Oued-Lua qui forment, au pied de la ligne de faîte et protégés par sa crête, une dépression dont le sol rocailleux n'est jamais envahi par les sables. Les témoignages du général de Colomb, du colonel Colomieu et de M. Paul Soleillet sont à cet égard parfaitement concordants : ils ne signalent les sables que sur deux courtes sections formant entre elles 20 à 30 kilomètres. Même avec ce double passage qui serait facilement défendu par un tunnel, il y a donc là une route excellente pour atteindre successivement Hassi-Zizara, puis après 30 kilomètres et une faible contre-pente, El-Goléah (343 mètres), enfin en suivant l'Oued-Méguiden sur 350 kilomètres, Bougoemma à l'entrée des oasis. Au dire des traditions locales, cette vallée desséchée était elle-même autrefois une oasis fraîche et peuplée comme celles de Gourara et de Touât. Ces dernières, avec leurs nombreux habitants, suffiraient déjà à fournir

[1] Le premier travail de M. Duponchel avait été présenté en 1875 au Congrès international des Sciences géographiques. Il a été for* amélioré par l'auteur et a provoqué en outre un échange de communications précieuses. La plupart de ces documents ont paru dans un excellent recueil géographique, l'*Explorateur*, et se continuent dans l'*Exploration* qui lui a succédé.

au chemin de fer un élément de trafic des plus importants, mais elles ne seront à vrai dire qu'une étape provisoire d'où la ligne repartira ensuite vers le Soudan. Après avoir traversé les oasis sur une longueur de 300 kilomètres entre Bouguemma et Taourirt, le tracé se retrouve en plein désert ; c'est encore 1,000 kilomètres à franchir tant sur la plaine désolée de Tanzerouft que sur les steppes herbeuses du Dhjoliba pour parvenir enfin à Timbouctou, avec un parcours total de 2,415 kilomètres depuis Affreville.

Après avoir atteint le coude occidental du Djhoiiba par une ligne qui descend du faîte aux oasis avec de faibles pentes, et qui, depuis Touàt se développe en palier continu, il resterait à desservir aussi, dans les meilleures conditions économiques, le Soudan oriental. Cette dernière section est nécessairement encore moins connue dans son parcours et plus indécise dans son tracé. La ligne ne pourrait, on le sait du moins, s'engager au milieu des contreforts méridionaux de l'Ahaggar ; elle devra, en côtoyant le fleuve, passer par les gorges profondes qu'il s'est creusées et déboucher par Sinder ou Say sur les plaines fertiles du Haoussa, qui se prolongent par les campagnes du Bornou jusqu'à la ville de Kouka. Peut-être conviendrait-il, sans s'inquiéter de la vieille métropole du commerce africain, d'abandonner Timbouctou dont les environs sont stériles, pour créer, à l'entrée même des gorges, un centre industriel qui réunirait les chantiers, les usines et les docks sur les rives du grand fleuve. Plus tard, de là pourrait partir aussi vers l'ouest le chemin qui, par le Bambara, s'avancerait vers la Sénégambie, à travers les régions le plus richement douées. Quelque nécessaire que puisse être pour l'avenir agricole et commercial du Soudan ce double complément du chemin transsaharien, il est clair cependant que la ligne qui relierait Timbouctou à la Méditerranée opérerait déjà un véritable drainage des produits de toute la contrée. Au lieu de rayonner sur les marchés de l'Egypte, de Tripoli, du Sahara ou du Maroc, tous convergeraient vers les stations de la ligne, et le courant s'établirait ainsi sans attendre l'achèvement des voies ferrées qui uniront un jour Kouka, Saint-Louis et Alger.

Il n'a jamais été dans la pensée de son auteur qu'un pareil projet pût être considéré comme définitif. En publiant une première ébauche, M. Duponchel avait pour but de répondre, par une étude sérieuse, à des préoccupations déjà éveillées, et d'attirer, sur cet important sujet, l'attention du public compétent. Il voulait surtout appeler les renseignements utiles, solliciter les critiques judicieuses, et même provoquer des contre-projets. Il a, en effet, largement profité de l'échange d'idées qu'il avait suscitée. Ainsi, il avait pensé d'abord que la voie pourrait partir de Philippeville et se diriger vers Aïn-

Çalah par Constantine, Biskra, Touggourt et Ouargla, c'est-à-dire
par l'Oued-Rir et l'Oued-Mia, en longeant la ligne de faîte par la
profonde dépression de son revers oriental. M. Paul Soleillet, l'un
des rares voyageurs qui aient touché Aïn-Çalah, a fait connaître les
avantages de l'itinéraire qu'il avait suivi, d'Alger à El-Goléah, par
la coupure de Boghar, et après étude, ce tracé a paru en réalité préférable. Philippeville est une tête de ligne trop peu importante et
trop éloignée à l'une des extrémités de la colonie; la voie ferrée
traverserait la région la plus montagneuse et aurait à suivre de
fortes rampes de raccordement entre le Tell et le Sahara; enfin, et
c'est là un point essentiel, la direction recommandée par M. Soleillet s'abaissant moins dans les dépressions, n'est pas seulement
avantageuse par l'économie des travaux : elle est aussi préférable
par la salubrité du climat. Ce n'est pas tout : de précieux renseignements dus à M. le général de Colomb et surtout au colonel
Colomieu, sont venus montrer l'importance de l'Oued-Lua qui, libre
de dunes, décrit une courbe légère pour l'abaisser régulièrement de
Laghouat aux oasis, en contournant la masse sableuse où circulent
les eaux souterraines. Par là s'est trouvé déterminé, dans ses conditions générales, le tracé que nous avons exposé et que des études
plus précises viendront sans doute rectifier dans maint détail.

Cependant d'autres voyageurs, et parmi eux M. Largeau, ont
tout récemment encore affirmé leur préférence pour la route de Philippeville à Ouargla. A la vérité les lignes algériennes, bientôt ter-
minées jusqu'à Batna, offrent de ce côté un important tronçon. En
outre, on toucherait ainsi les rivages de la mer intérieure, projetée
par M. le capitaine Roudaire, et dont l'exécution, encore fort dou-
teuse, il est vrai, pourrait modifier heureusement les conditions
climatériques et économiques de la région. Enfin l'alfa, sur les hauts
plateaux, le coton dans les Oued irrigués, les dattes dans les nombreuses oasis, fourniraient un trafic que viendrait augmenter sûre-
ment le commerce naguère si florissant de Touggourt et de Ouargla [1],
tandis que les nappes souterraines alimenteraient sans grands frais
des puits multipliés dans l'Oued-Rir et l'Oued-Mia [2]. Il nous semble
cependant que les motifs qui ont porté M. Duponchel à abandonner

[1] Il n'est pas inutile de rappeler que le commerce de Marseille a réuni
déjà par souscription 200,000 fr. pour l'établissement d'un marché commercial à Touggourt. Mais cette initiative est restée jusqu'ici stérile, en raison
de la difficulté des transports. Aussi, la Chambre de commerce d'Alger a-t-
elle demandé au gouvernement d'assurer par une subvention, entre Constantine et Touggourt, un service régulier qui se prolongerait sans doute
plus tard aussi jusqu'à Ouargla.

[2] Les sondages exécutés en grand nombre par MM. de Lillo et Bourot,
donnent fréquemment des débits de 3 ou 4,000 litres à la minute.

l'Oued-Mia pour l'Oued-Lua, conservent une solide valeur, surtout en raison des exigences exceptionnelles de bon marché auxquelles le chemin transsaharien doit satisfaire, aussi bien pour l'exploitation courante, que pour la construction primitive.

Au surplus, les oasis d'Aïn-Çalah, dont l'importance, notamment pour le commerce des laines et des céréales, est reconnue par tous, restent le point d'arrivée des deux routes, et le choix entre ces dernières ne pourra être définitif qu'après une étude poursuivie sur le terrain avec ce but précis. M. Largeau, qui n'a pas perdu l'espoir de traverser le continent africain de Philippeville à Saint-Louis, continue à rassembler les plus utiles informations pour cette première section comme pour celle qui devra ensuite atteindre le Soudan. Il a déjà recueilli plus d'un détail sur l'itinéraire des caravanes qui vont en soixante jours d'Aïn-Çalah au Djholiba [1]. Leur route se dirige au sud-ouest, presque en ligne droite sur un terrain solide et plat; elle rencontre trois grands bassins d'eau douce et nombre d'*Oued morts*, dont les eaux seraient ramenées au jour par des sondages peu profonds. C'est à peu près la voie que M. Duponchel a esquissée; elle aboutit aussi à Timbouctou pour rayonner au-delà vers le Haoussa et le Sénégal.

Une objection justement opposée au tracé qui remonte l'Oued-Mia, c'est de laisser en dehors de son parcours la région des oasis du Gourara à Tidikelt, pour n'en toucher qu'une extrémité vers Aïn-Çalah. M. Du Mazet mieux que personne a fait valoir cette considération et s'en est servi pour appuyer un contre-projet. Il propose de prendre Oran pour point de départ. Le massif montagneux est ici moins large que dans la province de Constantine. Le chemin de fer s'élèverait par la vallée de la Tafna jusque sur les hauts plateaux et gagnerait ensuite aisément l'Oued-Guisr pour traverser les oasis sur 400 kilomètres de largeur avant de parvenir à Aïn-Çalah. Sans doute en s'arrêtant à la latitude d'Oran, au lieu de s'élever jusqu'à celle d'Alger ou de Philippeville, on économise 100 à 150 kilomètres de voie ferrée; sans doute aussi le commerce est déjà fort actif sur le marché de Tlemcen, et les voyageurs auraient l'avantage de passer des lignes sahariennes aux chemins espagnols en ne subissant .e huit heures de traversée d'Oran à Carthagène. Néanmoins, il ne peut plus guère être question de l'abréviation de longueur, puisque le nouveau tracé de M. Duponchel s'avance presque en ligne droite des gorges de Boghar aux oasis du Touàt, tandis que

---

[1] Grâce à Mgr Lavigerie, le dévouement de nos missionnaires ne demeurera pas étranger à cette tâche. Forts du respect que leur zèle religieux inspire aux musulmans, ils ont depuis peu établi une station à quelques jours de marche de Timbouctou.

celui de M. Du Mazet dessine une large convexité. On en dirait
autant pour les difficultés relatives à la région montagneuse entre
Philippeville et Biskra, qui est maintenant abandonnée ; ou pour les
avantages attachés au parcours des oasis, puisque la route de
l'Oued-Lua les traverse entièrement. Il demeure, au contraire, de
graves objections contre le tracé de l'Oued-Guisr. Oran, comme
Philippeville, est une tête de ligne trop excentrique. Chaque jour,
en effet, le port d'Alger prend une importance nouvelle : déjà les
grands steamers de l'Inde y font escale pour déposer les laines
d'Australie et les autres marchandises à destination des ports de
France et en particulier de Marseille ; c'est là que doit évidemment
aboutir un jour le chemin de fer des *Indes africaines*. Enfin, si le
chemin tracé était reporté si loin vers l'Orient, il serait, sauf une
très-courte section, compris sur le territoire soumis au moins nomi-
nalement à la domination marocaine. Commercialement, les résultats
utiles profiteraient moins à l'Algérie et à la France, qu'au Maroc et
à l'Espagne ; politiquement, la possession de la ligne et la sécurité
des relations seraient difficilement garanties contre les influences
étrangères. En résumé, parmi tous les projets, celui de M. Duponchel, qui a fait à chacun quelque utile emprunt, semble, dans l'état
de nos connaissances, concilier la plus grande somme d'avantages,
avec la moindre proportion d'inconvénients.

Il est cependant un autre projet que recommande spécialement
le nom de son auteur. M. Gerhardt Rohlf, qui a parcouru le Sahara
des oasis marocaines au désert lybique et qui a exploré comme
Barth et le docteur Nachtigall les régions du lac Tchad par la route
du Fezzan, consacrait dernièrement dans les *Mittheilungen* un
remarquable travail au chemin de fer du Soudan. Il reconnaît
hautement la nécessité d'une voie ferrée, seul moyen de rendre
praticable le Sahara pour l'exploitation de l'Afrique centrale ; il
discute les objections que soulèvent les projets français ; enfin il
oppose un contre-projet qui dériverait le courant commercial sur
Brindisi, et auquel pour ce motif l'Italie se montre chaleureusement
sympathique. S'appuyant à la fois sur Tripoli et sur quelque port à
créer au fond de la Grande-Syrte, M. Rohlf dirige un triple tracé
sur Mourzouk et de là suit à peu près le méridien pour atteindre
Kouka par le chemin des caravanes. Mais le point de départ est pris
ainsi sur la côte qui est réputée la plus dangereuse et qui d'après
les récentes croisières du commandant Mouchez mérite pleinement
son triste renom. En arrière de Tripoli, il faudra successivement
recouper, dans un massif plus difficile que l'Atlas, une série de
vallées toutes parallèles à la côte et qui ne paraissent offrir aucune
échancrure transversale. Quoique en dise l'auteur, la voie n'est pas

plus courte de Tripoli à Kouka que d'Alger à Timbouctou; et
même d'après la carte dessinée par M. Rolhf et jointe à son mémoire,
le tracé qu'il propose traverse sur une plus longue étendue que
tout autre le désert privé d'eau et de combustible. Il faudra bien
d'ailleurs franchir les montagnes qui forment une chaîne élevée
entre Mourzouk et Bilma. Le point d'arrivée est à l'extrémité la plus
isolée du Soudan, loin des grands fleuves, dans une sorte d'im-
passe marécageuse et insalubre. Enfin la réalisation du projet serait
une œuvre internationale à négocier avec le gouvernement turc, et
si même elle était moins coûteuse au point de vue technique, elle
serait à coup sûr rendue plus difficile par les complications politiques. C'est, il faut l'avouer, s'imposer de bien graves embarras pour
essayer de détourner, vers une côte sauvage et inhospitalière, le
commerce africain que tant de conditions naturelles et économiques
doivent acheminer par l'Algérie sur Marseille. Aussi croyons-nous
que, si l'exécution du chemin transsaharien n'est pas entravée par
des difficultés insolubles, les études ultérieures sur les diverses voies
projetées feront porter le choix définitif sur le tracé dont M. Duponchel a jalonné le parcours.

III

LES DIFFICULTÉS SPÉCIALES DE L'EXÉCUTION·

On ne peut nier que la création d'une voie ferrée entre la
Méditerranée et le Soudan ne soulève en foule les plus sérieuses
objections. Pour les étudier il convient de les ramener à quatre
chefs : la nature des lieux, l'hostilité des populations, l'excès de la
dépense et l'insuffisance du trafic.

Souvent on entend dire que l'ardeur du climat et la constitution
du sol offriront longtemps, sinon toujours, d'insurmontables obstacles
à l'établissement d'une voie ferrée. Sans méconnaître d'évidentes
difficultés, conséquences de la chaleur, du simoun, de la mobilité
du sable ou de la rareté de l'eau, il importe de n'en pas exagérer
l'influence. Sans doute l'élévation de la température est dans le
Sahara plus encore qu'en Algérie, très-considérable pendant quelques heures de la journée; en revanche les nuits sont toujours
fraîches. Il sera probablement nécessaire en été de faire stationner
les trains pendant une sieste prolongée à l'ombre d'oasis bien
choisies. On ne comprendrait guère d'ailleurs comment les chaleurs
que les caravanes supportent malgré la lente allure des chameaux,
seraient plus pénibles aux voyageurs en repos dans les voitures
d'un train rapide. En réalité ces chaleurs sèches ne seraient-elles

pas moins dangereuses que les chaleurs humides et au moins égales qui n'ont jamais cependant rendu impraticables les chemins de fer de l'Inde, de la Floride, de la Louisiane ou de Panama.

Le simoun, a-t-on dit, fera périr en une nuit sur les chantiers tous les hommes et tous les animaux. Cette assertion, inspirée par les récits des conteurs arabes, ne saurait être sérieusement acceptée. Le simoun n'est point, en effet, un vent pestilentiel qui étouffe et tue par sa nature pernicieuse. La cause réelle des désastres, c'est la soif : le vent assèche les outres, la soif tue et le sable recouvre les cadavres. Ceux à qui le désert est familier s'accordent à reconnaître que ces dangers peuvent être efficacement combattus ; il faut pouvoir défendre contre la chaleur une réserve d'eau suffisante, et à cet égard le chemin de fer sera mieux partagé que les caravanes.

Les sables seraient bien autrement à redouter s'ils devaient par la mobilité de leurs assises refuser à la voie un terrain stable, ou par le déplacement de leurs dunes ensevelir les trains mal protégés. Des craintes analogues, et même mieux motivées avaient été opposées à la création du canal de Suez. Elles n'ont été nullement vérifiées par l'exécution : les rives n'ont point fléchi, et le lit n'a pas été comblé. Néanmoins s'il fallait asseoir la voie saharienne sur les Abregs ou construire des voûtes de défense sur de grandes longueurs, la réalisation du projet serait assurément tenue pour impossible. Mais grâce aux enquêtes préliminaires que de nouvelles études devront soigneusement vérifier, il semble possible de suivre sur un sol rocail-leux et solide un couloir libre de sables depuis l'Atlas jusqu'au Touàt, et au-delà une plaine sans dunes. Tout au plus sera-t-on obligé d'élever sur un parcours de 30 kilomètres environ, un tunnel en partie à ciel ouvert et moins important que ceux qui, au pied des montagnes Rocheuses, garantissent le *Trans-Continental* contre la chute d'énormes avalanches.

L'alimentation en eau est à vrai dire un grave embarras. Aussi d'excellents juges, entre autres M. l'ingénieur en chef Delesse, ont-ils pensé y voir une insoluble difficulté. M. Gerhardt Rohlf, dans le travail déjà signalé, a justement répondu que certains chemins de fer allemands parcourent déjà 100 kilomètres sans faire eau et que les lignes égyptiennes, notamment celle du Caire à Suez, se sont long-temps servi de wagons-réservoirs, sorte de relais à eau. Néanmoins, peu favorable au projet français, il regarde comme douteux que les forages donnent d'importants résultats. Telle n'est pas l'opinion du général de Colomb et du colonel Colomieu. Ils estiment que l'on pourrait trouver dans le sous-sol un approvisionnement considérable même dans les vallées qui sont le plus arides en été, par exemple celles que l'on rencontre entre le faîte de l'Atlas et la dépression de l'Oued-Lua. Discutant avec soin l'ensemble des renseignements recueillis, M. Duponchel s'est appliqué à établir pour chaque section du tracé, les conditions de l'alimentation en eau soit par les ressources locales soit par des conduites forcées. Dans la région montagneuse où la ligne traverse les gorges du Chélif pour s'élever sur les plateaux du Tell, c'est-à-dire d'Affreville à Boghar et de Boghar au faîte, les rivières de l'Atlas et les sources des hauts vallons fourniront aisément l'approvisionnement nécessaire. Soit à l'aide des mêmes sources pérennes, soit par la construction de quelques barrages, on pourra toujours suppléer pour la section suivante au rendement douteux des forages locaux, et pourvoir aux exigences du service, sur 400 kilomètres entre le faîte et Hassi-Zizara, par une conduite forcée qui fonctionnerait en pente naturelle et sans machine. Jusqu'au Touât, on suit l'Oued-Lua et l'Oued-Méguiden où les eaux souterraines seront, de l'aveu de tous, facilement atteintes. Dans la traversée des oasis, la masse sableuse des Ahregs, imprégnée d'eau sur plusieurs mètres d'épaisseur et sur une surface de huit millions d'hectares, peut sans s'appauvrir donner en aval, grâce à un réseau convenable de galeries, un débit continu infiniment supérieur à tous les besoins [1]. C'est là que puiseraient les machines qui par une conduite alimenteraient aux diverses stations de la plaine de Tanze-souft les réservoirs nécessaires à une traversée de 500 kilomètres. Au-delà de ce désert crayeux, et plutôt peut-être d'après les itinéraires étudiés par M. Largeau, on retrouverait par des puits dans les Oued un approvisionnement suffisant que le voisinage du Djholiba permettrait plus tard d'augmenter au besoin par l'établissement de machines élévatoires et de conduites forcées. Il semble donc qu'on ne rencontre ici aucune impossibilité réelle. Rien n'empêche qu'on ne fasse pour le service d'un chemin de fer ce qui s'exécute fréquemment pour les besoins d'une ville. Il n'est pas rare déjà que sur nos lignes européennes les eaux soient empruntées à des aqueducs de distribution urbaine fort éloignés. Si on estime avec M. Duponchel la consommation d'eau à 4 ou 500 mètres cubes par jour pour la ligne entière, ce serait en moyenne 2 mètres par kilomètre. La plaine de Tanzerouft exigerait ainsi environ 1,000 mètres cubes qui pour-

---

[1] Chaque mètre cube de sable immergé contient 300 litres d'eau : en n'attribuant à la masse qu'une épaisseur d'un mètre, chaque hectare contient 300 mètres cube d'eau. C'est pour la surface entière des Ahregs une réserve de 24 milliards de mètres cubes, qui suffirait à alimenter pendant huit ans un débit de 100 mètres cubes à la seconde. Mais en réalité l'approvisionnement est bien plus considérable : les forages prouvent en effet que la nappe aquifère est continue et fort épaisse ; elle se renouvelle d'ailleurs surtout en hiver par les pluies générales et par l'apport des torrents de la montagne.

raient être amenés des stations extrêmes par une conduite de 0ᵐ 12
de diamètre, dont la dépense serait au maximum de 15,000 francs
par kilomètre. Ces chiffres que l'on pourra contrôler et rectifier,
sont du moins assez approchés pour fixer les conditions du problème
et pour répondre par un devis sommaire à de légitimes appréhensions.

Une double objection, également tirée de la nature des lieux, est
la pénurie des bois pour la pose des rails en même temps que
l'absence du combustible pour le chauffage des chaudières. Elle
s'applique surtout au projet allemand, car le tracé de M. Duponchel traverse au moins dans le Tell et l'Atlas de puissantes forêts
encore inexploitées qui fourniront un contingent précieux pour cette
section de la voie et ensuite pour les autres. Au surplus M. Rolhf
rappelle quelques exemples de lignes qui ont été établies sans traverses en bois, en Égypte, à Aix-la-Chapelle, à Düren (Bavière).
Quant au combustible, on n'a encore il est vrai reconnu que des
gisements de lignite dans le Djebel-Amour, mais les explorations
vers le sud n'ont été que des reconnaissances rapides. Elles ont déjà
signalé une succession d'assises sédimentaires qui semble comprendre la série normale depuis les travertins et les graviers quaternaires
de l'Algérie jusqu'à des couches siluriennes relevées au plateau
de Muydhir par les roches de l'Ahaggar. Rien *à priori* n'autorise
donc à supposer que le terrain houiller, largement développé dans
l'Afrique australe, ne se rencontrera nulle part dans les massifs
montagneux du Sahara et du Soudan. À tout prendre on ne serait
nullement obligé de recourir, comme le propose M. Rohlf, à la
chaleur solaire dont l'utilisation industrielle demeure encore parmi
les *desiderata* de l'avenir; les lignes sahariennes pourront toujours
fonctionner comme les chemins de fer russes, auxquels le combustible minéral fait aussi défaut sur leurs immenses parcours.

On a pensé, non sans vraisemblance, que l'hostilité des populations pourrait créer à l'établissement d'une voie ferrée des difficultés
plus grandes encore que les obstacles physiques dont nous venons
de parler. Les Touaregs, qui errent avec leurs troupeaux sur les
montagnes du Sahara et tiennent dans une sorte de servage les
tribus agricoles des hautes vallées, ont toujours échappé, dans l'iso-
lement du désert, à la prépondérance des Carthaginois, des Romains
ou des Arabes. Leurs principaux profits consistent à guider et souvent à rançonner les caravanes; aussi ont-ils mérité d'être appelés
les pirates de la mer des sables. Peut-on espérer qu'en l'absence de
toute colonisation possible ils reculeront néanmoins, comme les
Peaux-Rouges du Far-West, devant les progrès de la vie moderne
et les conquêtes du travail? M. Du Mazet le croit si peu qu'il n'hé-
site pas à encourir des difficultés politiques considérables pour éviter

le voisinage des Touaregs en reportant le chemin de fer en plein territoire marocain. On doit convenir cependant que les tribus batailleuses et irascibles sont fort peu nombreuses, aussi bien dans l'Ahaggar qu'aux portes de Timbouctou, et que leurs pillages après tout n'empêchent point les caravanes, et même parfois les voyageurs isolés de suivre les routes du Sahara. En outre l'influence française a désormais pour base d'opération notre colonie algérienne avec ses deux millions de musulmans pacifiés, avec son réseau chaque jour plus développé de voies ferrées, avec le rayonnement incessamment étendu de ses affaires commerciales et de ses relations militaires. Enfin la récente expédition anglaise en Abyssinie a montré quel incomparable parti on peut tirer aujourd'hui des chemins de fer pour conquérir des régions désertes ou inexploitées. Il est vraiment difficile d'admettre que ces moyens d'action, qui mettent en jeu à la fois le prestige de la force et l'attrait de l'intérêt, ne puissent triompher de la résistance de tribus disséminées. Avec les autres populations il ne saurait y avoir de conflit réel et durable. Les Beni-Mzab, dont la ligne contourne le territoire, constituent une petite confédération berbère qui compte sept villes et trente mille habitants en proie à de sanglantes querelles héréditaires. Ils ont accepté sans peine la souveraineté de la France qui respecte leur indépendance locale. Le manque de troupeaux et de pâturages, la pauvreté des récoltes d'orge et de dattes sur un sol infertile leur imposent les plus dures privations; mais ils rappellent les Auvergnats par leur courage au travail, leur aptitude au négoce et leurs habitudes d'émigration. Ils sont ainsi tout préparés à comprendre les bienfaits économiques d'un chemin de fer et à en profiter pour améliorer leur situation. Il en sera de même à plus forte raison pour les populations sédentaires, plus nombreuses et plus riches, des oasis du Touât. Elles sont aussi divisées par les dissensions religieuses et les luttes de races, moins capables de repousser notre domination que disposées à la subir. Il suffira de quelques démonstrations que l'inégalité des forces rendra faciles, et qui par la possession d'un petit nombre de points stratégiques assureront la tranquillité du district entier. On ne peut donc souscrire aux conclusions de M. Rohlf qui revendique comme un avantage pour son tracé de ne rencontrer aucun centre important de population, de ne desservir aucun marché intermédiaire et de ne parcourir que des solitudes presque inhabitées où le sel serait l'unique objet du trafic. Il faut s'attendre sans doute à rencontrer au début une opiniâtre hostilité, suscitée par les rivalités commerciales : le courant qui par le Maroc ou Tripoli gagne Gibraltar ou Malte, ne sera pas détourné sans peine vers l'Algérie et Marseille. Mais d'autre part il ne faut pas oublier que les tribus industrieuses des oasis trouveront immédiatement dans l'établissement de la voie ferrée, une source de bien-être et de profits inespérés, en même temps qu'elles y verront le déploiement d'une irrésistible puissance matérielle. Déjà les Arabes des oasis marocaines sont les voyageurs assidus du chemin de fer d'Oran.

Reste enfin la région soudanienne. Au dire du rabbin Mardochée, qui a fait de curieux voyages à Timbouctou, le séjour de la ville n'a rien d'effrayant pour celui qui se conforme aux usages du pays; quant aux habitants, ils se montrent doux aux étrangers et disposés à recevoir même les chrétiens. A la vérité le rôle de l'islamisme parmi les peuples nègres du Soudan a prêté aux interprétations les plus contradictoires. L'un des hommes qui ont le mieux étudié la condition morale et les besoins matériels de ces nations, le regretté lieutenant Mage a formulé un jugement des plus durs. « La plupart des maux de l'Afrique, dit-il, proviennent de l'islamisme; ni dans nos colonies actuelles, ni dans celles que l'on fondera plus tard, même quand il se présente sous les dehors les plus séduisants, jamais dans aucune circonstance on ne doit l'encourager. Le combattre ouvertement serait peut-être un mal; aider à sa diffusion en est un plus grand. A mes yeux c'est un crime par complicité. » D'autres, et parmi eux M. Bosworth Smith, ont fait tout récemment, mais à distance il est vrai, l'apologie de l'islamisme en le considérant chez les populations inférieures comme une sorte d'étape dans la voie du progrès religieux. Il est incontestable que là où nos missions chrétiennes ont échoué jusqu'à présent, la religion musulmane, propagée par la conquête, a largement répandu certains principes d'une morale élevée. Elle réussit à remplacer l'idolâtrie par le culte d'un Dieu unique et les superstitions du fétichisme par l'observance de rites rigoureux. Seule elle peut lutter contre l'ivrognerie et supprimer les sacrifices humains avec le cannibalisme. Si elle n'a pas relevé la femme comme l'eût fait le christianisme, du moins elle l'a tirée d'une abjecte dégradation en limitant la polygamie et en réglant le divorce. Mais l'islamisme, qui demande ses succès à la force, s'est toujours fait le complice de la traite, et c'est pour approvisionner les marchés musulmans que s'effectue le trafic de la chair humaine. Serait-on par là autorisé à prétendre que la propagation du Koran et la perpétuité de l'esclavage sont étroitement liés? Guère plus, croyons-nous, qu'on aurait été fondé à considérer le christianisme, dans un passé encore bien près de nous, comme solidaire des horreurs de la traite aux colonies et en Amérique. Peu à peu tous les États musulmans envisageront l'esclavage comme le font aujourd'hui les peuples chrétiens. On a déjà beaucoup obtenu à cet égard, surtout en Égypte; on fera plus encore sans qu'il soit besoin de recourir à la guerre sainte. Grâce à l'énergie et à la tolérance de gouvernements éclairés, en Algérie aussi bien qu'aux Grandes-Indes, des millions de musulmans se plient au respect des principes sur lesquels repose la société chrétienne. C'est en se laissant guider par ces leçons de l'expérience qu'on pourra suivre une politique à la fois prudente et ferme dans les relations qui, au Soudan, auront pour but les conquêtes du commerce ou la répression de la traite.

Les deux dernières objections portent sur l'élévation inévitable des dépenses de construction et sur l'insuffisance présumée des recettes du trafic. Si pour décider du choix d'un tracé on ne peut prétendre devancer le résultat d'études spéciales poursuivies sur le terrain, il serait plus téméraire encore de vouloir établir prématurément les chiffres d'un budget définitif. Il est possible cependant, pour un parcours provisoirement choisi, d'ébaucher un avant-projet qui, en attendant mieux, serve à fixer les bases de l'évaluation des dépenses et permette d'en comparer le montant au rendement probable de la ligne. M. l'ingénieur en chef Duponchel a réuni avec grand soin les éléments de cette comparaison qu'il nous reste à discuter brièvement. Au point de vue des frais d'éxécution on peut diviser les 2,400 kilom. de voie ferrée à construire entre Affreville et Timbouctou en trois classes différentes. A la plus coûteuse d'abord appartient la traversée des gorges du Chélif sur 50 kilom. de longueur dans les conditions ordinaires aux pays montagneux. Entre les deux autres se partage à peu près également le reste de la ligne. L'une comprend les sections de plaine ou de désert qui recoupent des vallons plus ou moins secs, et pour lesquelles le parcours s'effectuera comme pour nos grandes vallées, celle de la Garonne par exemple. A cette classe se rattachent diverses portions de la voie entre Affreville et le Touât (ensemble 325 kil.), le passage des oasis (360 kil.) et la dernière partie de la route qui rejoint le Djholiba (500 kil.). Enfin la troisième classe réunit toutes les sections de la ligne pour lesquelles il suffit d'établir sans terrassements importants et sans aucun travail d'art, sur le sol dur et plat du désert un solide ballast dont tous les matériaux se trouvent sur place. Tels sont les deux tiers du trajet entre Boghar et Bouguemma, surtout le long de l'Oued-Lua (680 kil.), et aussi la plaine entière de Tanzerouft (500 kil.). Les terrassements et les ouvrages d'arts, évalués pour chacune de ces classes respectivement à 400, 100 et 20 francs le mètre courant, donnent ensemble un total de 162 millions. Le coût d'une voie simple, avec les traverses et la pose, à 30 francs le mètre, représente, pour les 2,400 kilom., 72 millions et demi, ce qui, en y ajoutant un dixième pour les raccordements, les garages, etc., porte la totalité de la dépense pour l'établissement de la voie à

242 millions. L'approvisionnement d'eau devra se faire, nous l'avons vu, suivant trois modes : par l'utilisation des ressources locales, forages de puits, etc., sur diverses sections formant ensemble 1,500 kilom., à raison de 2,000 francs, soit 3 millions; par conduite forcée en pente naturelle, à 20 francs le mètre, sur 400 kilom. entre le faîte et Hassi-Zizara, soit 8 millions; enfin en conduite forcée avec machines, à 25 francs le mètre, sur 500 kilom. à travers le désert de Tanzerouft, soit 12 millions et demi; total 23 millions et demi. Les parasables voûtés sur 50 kilom., à 400 francs le mètre, représentent 20 millions. Ajoutons 48 millions pour le matériel roulant (à 20,000 francs le kilom.), 15 millions pour les télégraphes et les bâtiments (stations, gares magasins, docks,...) enfin 60 et quelques millions pour les dépenses diverses, les indemnités, l'intérêt du capital pendant les travaux et surtout l'imprévu. Nous arrivons ainsi avec M. Duponchel à un total de 410 millions, soit environ 170,000 francs le kilomètre. C'est assurément un chiffre considérable, et que l'inattendu dans l'exécution viendra sans doute grossir encore. Cependant en songeant à la facilité avec laquelle tant d'emprunts étrangers si peu garantis ont trouvé bon accueil sur nos marchés, peut-on croire qu'une entreprise vraiment nationale, liée à la prospérité de nos plus belles colonies et à la conquête commerciale d'une immense région, accomplie d'ailleurs aux portes de la France, assise sur des bases bien connues, toujours facile à contrôler dans son développement, ne puisse, elle aussi, attirer les capitaux le jour où des études plus complètes seraient venues confirmer les premiers aperçus.

Le second terme de la comparaison est l'évaluation approchée du trafic qui alimentera la ligne. Nous n'avons pas à rappeler ici les richesses naturelles du Soudan, l'extension des exploitations agricoles et le développement des échanges commerciaux. Mais ce n'est là, dit-on, qu'un but éloigné, un résultat à long terme : bien avant qu'il ne soit atteint, la compagnie, ruinée par les frais d'entretien et de défense d'une voie où ne circulera qu'un matériel inutile aura dû abandonner ses wagons vides dans ses gares désertes. Il importe donc de rechercher s'il est des besoins auxquels le chemin de fer puisse subvenir dès la première heure et si des éléments de succès lui sont immédiatement acquis. Deux ou trois exemples à ce sujet nous paraissent concluants. D'abord l'exploitation de l'alfa sur des milliers d'hectares de part et d'autre de la route entre Boghar et Laghouat a déjà provoqué des demandes de concessions et des études de tracé; elle donnera lieu, on n'en peut douter, à un trafic des plus actifs. Plus loin les dattes sont à peu près l'unique produit des oasis de Gourara au Touât et le seul aliment dont disposent les habitants.

Ceux-ci, affaiblis par la pénurie des céréales, souvent décimés par la famine, attendent avec anxiété les caravanes qui leur apportent l'orge du Tell. D'immenses convois, longs parfois de 30 lieues, comptant jusqu'à 20,000 chameaux, traversent les dunes des Ahregs et mettent deux ou trois mois à effectuer leur double voyage entre Géryville et le Touàt. 100 kilogr. d'orge valant 15 francs en Algérie sont échangés aux oasis pour des dattes qui vendues au retour donnent 900 kilogr. d'orge ou 135 francs. Cela fait ressortir le prix du transport à 0, 50 par tonne et par kilomètre. Encore faut-il toute la sobriété de ces races du désert pour qu'un salaire quotidien de 1,25 par bête de somme, suffise à rémunérer leur peine. Quel ne sera pas l'essor de la consommation quand l'apport des céréales pourra se faire au taux de 0,10 et se proportionner aux besoins d'une population de 300,000 âmes. En comptant seulement 150 kilogrammes par tête et par an, c'est 45,000 tonnes à l'aller. En outre les dattiers dont le produit peut être indéfiniment augmenté par les plantations et l'arrosage, fourniront à une exportation de retour au moins égale et qui, en raison de l'abaissement des prix, s'ouvrira facilement des débouchés sur nos marchés européens. Ainsi en ne mettant en ligne que les nécessités ou les ressources actuelles, sans escompter l'avenir, on peut croire que le chemin de fer, même arrêté provisoirement au Touàt, aurait déjà des éléments de trafic suffisants pour payer les frais d'entretien et l'intérêt du capital. Pour la seconde moitié du parcours, la compagnie trouvera dans le commerce du sel la source d'abondants profits. Rien ne l'empèche, en effet, de s'en faire attribuer le privilége par sa concession. Elle exploiterait sans dépense aucune les salines naturelles échelonnées sur la ligne et vendrait ses produits au Soudan à raison de 300 à 400 francs la tonne. Lors du voyage du lieutenant Mage, le sel apporté de régions lointaines sur la tête des esclaves valait à Ségo 3 francs le kilogr, tandis que le céréales atteignaient à peine 5 francs les 100 kilogrammes. Une consommation annuelle de 100 mille tonnes, peu considérable pour la population du Soudan occidental, donnerait déjà un produit de 30 millions. Ces évaluations présumées font songer, il faut l'avouer, aux rêves de Perrette. Pourtant on ne doit pas oublier que les esprits les plus positifs, les voyageurs qui connaissent le mieux ces contrées confirment par leur témoignage l'exactitude de tels renseignements. Ainsi M. Rohf estime également que, sur un parcours de 4 à 500 kil. entre Mourzouk et Bilma, la vente du sel aux rares populations indigènes suffirait au moins à compenser la traversée d'une région dénuée de toute ressource. Quelque élevé que soit le coût du chemin de fer transsaharien, on peut donc penser qu'un trafic rémunérateur lui serait assuré presque dès l'abord et que les profits ultérieurs s'accroîtraient rapidement à mesure que l'exploitation agricole et commerciale se poursuivrait, grâce à la cessation de l'esclavage et au développement travail.

En résumé les immenses ressources qu'offre le Soudan comme lieu de production et comme marché de consommation, font désirer une exploitation régulière par voie ferrée ; la constitution orographique du Sahara en permet la réalisation sous des conditions spéciales et pour divers tracés ; enfin les obstacles qu'opposeront le climat et la population ne semblent pas insurmontables. Est-ce à dire qu'il faille provoquer immédiatement la formation d'une compagnie à la fois commerciale et militaire à l'instar de la compagnie des Indes, et faire appel aux capitaux pour commencer hâtivement la pose des rails ? Assurément non. Chacun, et M. Duponchel tout le premier, reconnaît que pour l'évaluation des dépenses, l'appréciation des difficultés et le choix du tracé, le projet repose jusqu'ici bien moins sur des reconnaissances directes que sur des renseignements recueillis verbalement et peu contrôlés. Nous n'avons donc pu nous proposer ici que de mettre en lumière l'importance des intérêts en jeu sans prétendre réfuter toutes les objections. C'est seulement sur le terrain que les conditions de l'entreprise peuvent être nettement définies. Déjà M. Duponchel vient d'accomplir une mission officielle pour les relevés techniques. D'après le colonel Colomieu, qui a déjà conduit des colonnes aux oasis, une expédition pourrait, en quatre mois et au prix de 60,000 francs, éclairer la route du Tell à Taourirt et la jalonner de puits permanents. D'autres études devront en outre être poussées au loin vers Timbouctou à la suite des explorations que veulent tenter MM. Largeau, Say et Paul Soleillet. Enfin des enquêtes commerciales seront nécessaires sur les marchés de l'intérieur pour évaluer l'importance des échanges. Au surplus tous ces travaux, dussent-ils n'aboutir qu'à démontrer l'impossibilité actuelle d'une voie ferrée transaharienne, nous vaudraient au moins de précieuses connaissances sur les contrées qui séparent le Sénégal de l'Algérie, et tôt ou tard il s'en dégagera quelques résultats utiles au développement de nos colonies africaines.

Mais il y a plus : d'autres que nous voudraient s'assurer le bénéfice de relations régulières avec le Soudan. Les Italiens et les Allemands projettent, nous l'avons dit, un chemin de fer international qui relierait le Bornou à Tripoli, en face de Brindisi. Vers l'orient, l'Egypte pousse activement, par le Sennaar et le Kordofan, à la fois vers le Darfour et la mer Rouge, ses télégraphes et ses voies ferrées, étroites, mais fort économiques. Vers l'occident, les Anglais, depuis les dernières expéditions de M. Donald Mackenzie, paraissent avoir reconnu l'impossibilité de créer dans cette région une mer saharienne plus vaste que la France ; mais ils n'ont aucunement renoncé à atteindre le résultat positif qu'ils avaient en vue. Avec leur habile ténacité ils cherchent à établir des communications suivies entre le cap Bojador ou Port Juby et le coude du Djholiba ; et d'un jour à l'autre ils peuvent obtenir, pour l'amélioration de ce projet, le concours du Maroc. Nous laisserons-nous devancer dans cette conquête pacifique ? Il ne s'agit pas d'annexer de vastes empires ou de transplanter en grand nombre des colons européens, mais bien d'organiser dans la paix et d'utiliser pour le travail libre les aptitudes des populations noires qui ne seront affranchies de la traite que par l'ouverture de l'Afrique au commerce légitime. Ne négligeons donc aucune des études préalables qui peuvent permettre de mener à bien une telle entreprise, grâce aux facultés d'assimilation propres au caractère français. Peut-être regretterait-on plus tard d'avoir abandonné à d'autres influences ces contrées que leur richesse a fait comparer depuis longtemps aux Indes Orientales et que leur situation semble destiner à devenir un jour des Indes françaises.

Il est cependant encore une objection d'un autre ordre. A quoi bon, dit-on, vouloir ouvrir de si larges horizons devant une nation dont la population décroissante ne peut plus songer à créer au loin de nouveaux comptoirs, puisqu'elle est impuissante à recruter ses colonies les plus proches ou même à défricher dans la mère-patrie les campagnes désertées pour les villes ? Où sont aujourd'hui, chez nous, ces familles fécondes d'agriculteurs et de négociants qui, solidement assises sur un domaine ou un atelier patrimonial transmis de génération en génération, peuvent envoyer régulièrement une partie de leur jeunesse, pourvue des capitaux indispensables, fonder des établissements nombreux et florissants dans les pays d'outre-mer ? Que sont devenues ces fortes races de petits propriétaires normands qui ont fait presque seuls, au dix-septième siècle, les plus belles colonies de la France, la Louisiane, les Antilles et surtout le Canada ? Ces coutumes d'émigration riche se sont au contraire perpétuées chez nos émules. Elles permettent aux Anglais d'envahir les marchés du monde et de peupler avec une merveilleuse rapidité la Nouvelle-Zélande et l'Australie dont les plus vieux Etats n'ont pas un demi siècle. Elles excitent les initiatives hardies et poussent nos voisins d'outre Manche à devancer, par leur incessante expansion, aux Fidjï comme sur la Côte-d'Or, à la Nouvelle-Guinée comme dans l'Afrique australe, l'intervention de l'Etat et la création de colonies officielles. C'est aussi grâce à l'essaimage périodique de sa vigoureuse jeunesse, qu'une paroisse du Hanovre a pu créer de ses deniers, sur les confins des Cafres Zoulous, des colonies de missionnaires et d'agriculteurs. Chaque année, le navire de la communauté va leur porter, avec le souvenir de la patrie, un contingent de nouveaux émigrants, sortant de familles fécondes et fixées souvent depuis sept ou huit siècles sur le même domaine [1]. Mais en France nos familles, instables et stériles à leurs foyers sans cesse licités, doivent en perdant les traditions séculaires, quitter aussi le long espoir et les vastes pensées. Les œuvres qu'elles vont parfois accomplir au loin peuvent bien acquérir quelque gloire à la patrie; mais le profit durable en est réservé à d'autres.

Pourtant interrogées dans une récente enquête officielle sur les moyens de développer nos échanges extérieurs, plusieurs des Chambres de commerce, celles de Paris et de Bordeaux notamment, n'ont pas hésité à réagir contre les préjugés dominants et à signaler comme l'une des principales entraves notre régime de succession. Ainsi qu'elles le remarquent fort justement, en diminuant l'autorité paternelle, il encourage l'insubordination de la jeunesse et favorise l'oisiveté au lieu de stimuler l'esprit d'entreprise; en infligeant à la famille des partages et des liquidations périodiques, il condamne le mariage à la stérilité et empêche la fondation ou du moins la perpétuité de ces puissantes maisons de commerce qui en Angleterre et en Hollande se transmettent de père en fils pendant plusieurs générations [2]. On est rassuré en voyant les juges les plus compétents étudier par les faits d'expérience les vraies questions sociales au lieu de les abandonner aux spéculations creuses des gens de lettres ou aux appréciations intéressées des hommes de loi. On peut espérer, en effet que par là seront mieux comprises les conséquences du régime de partage égal que la Terreur imposa en 93 à la société française pour la détruire, comme souvent les conquérants l'ont prescrit aux races vaincues pour les dompter. Alors seront remises en honneur chez nous les libres coutumes dont nos émules ont toujours su s'inspirer; et la France reverra des familles stables et fécondes, une jeunesse laborieuse et entreprenante. De son sein partiront aussi des émigrants riches et de hardis négociants qui porteront au loin son pavillon. C'est pour ceux-là qu'il faut préparer les routes de l'avenir.

---

[1] F. Le Play. *Les Ouvriers européens.* 2ᵉ édit. Tours, Mame, 1877, t. III, ch. IV.

[2] *Les Lois de succession appréciées dans leurs effets économiques par les Chambres de commerce de France,* par M. le comte de Butenval, ancien sénateur, ancien ministre plénipotentiaire. Paris, Guillaumin, 1875. Ce remarquable travail avait été inséré d'abord dans l'*Annuaire des unions de la paix sociale pour* 1875.

9 782019 704100